熊本城を極める

はじめに

—熊本築城の経緯—

かつて、熊本城と言えば、見事な「清正流」の高石垣が残る名城として名をはせていました。ところが、築城400年を契機に、本丸御殿大広間、飯田丸五階櫓等の主要建築物が木造復元され、城内にあった石垣を覆い隠すような樹木も撤去され、景観が一変しました。新「一口城主」と呼ばれる制度を設け、行幸坂から見た城の景観を復元する第Ⅱ期復元整備事業もスタートしました。さらに、残された三基の五階櫓復元も計画されています。

今、日本で最も復元が進み、大きく変化した熊本城の隅から隅まで堪能できることをねらったのが本書です。本書片手に、熊本城探訪へ出かけてみてください。

天正15年（1587）、九州支配を確実にした豊臣秀吉は、織田家譜代の家臣・佐々成政に肥後一国を与え新領主としたが、国人衆と対立し国中を巻き込む一揆に発展。翌年、責任を問われ、成政は切腹。肥後国は二分され、北半国を加藤清正、南半国は小西行長に与えられた。

清正は、成政の居城・隈本城へと入城し、直ちに新城築城工事を開始するが、文禄・慶長の役によって中断、完成は、慶長12年（1607）まで待たねばならなかった。この間に秀吉が死去、関ヶ原合戦によって徳川家康が勝利し、清正の領国も肥後一国54万石余となる。当然その居城の体裁も大きく計画変更され、50万石に相応しい巨大城郭となった。周辺域の河川改修を実施し、城域を大幅に拡張し、総石垣で囲まれた城は、各郭に五重櫓、三重櫓という重層櫓が配された。

寛永9年（1632）、清正の後を継いだ忠広が改易されると、小倉城主･細川忠利が新城主に抜擢された。以後、約240年間にわたって細川家の居城として明治維新を迎えることになる。城は、加藤氏二代によってすでに完成していたため、細川時代に増改築はほとんど行われず、大城郭を維持するための修繕が実施された程度であった。

明治10年（1877）、西郷隆盛を総大将とする反政府運動が西南戦争へと拡大、迫りくる西郷軍に籠城戦で対抗しようとした矢先、突如あがった火の手により、天守、大広間、御裏五階櫓等主要部が灰燼に帰してしまった。

この火災の原因は、今もって不明である。天守を失った城に薩軍は全軍約1万4千人で強襲するが、難攻不落の堅城は、びくともしなかった。堅牢無比の城を攻めあぐねた薩軍は、遂に総攻撃を中止、持久戦へと転換する。籠城戦は、52日間に及んだが、薩軍は一兵も城内に入ることが出来なかった。400年前に築かれた城が、近代戦でも十分通用することを実証したのである。ここに熊本城は、「史上最強の名城」として歴史にその名を刻まれた。

熊本城を極める もくじ

Contents

熊本城を歩く

平山城《ひらやまじろ》肥《ひ》後《ご》国《こく》熊本《くまもと》城《じょう》廻《まわり》絵《え》図《ず》（熊本県立図書館蔵）

熊本城下町の完成期を描いた唯一の絵図で、正保期の作成。城の立地や配置が判明する。

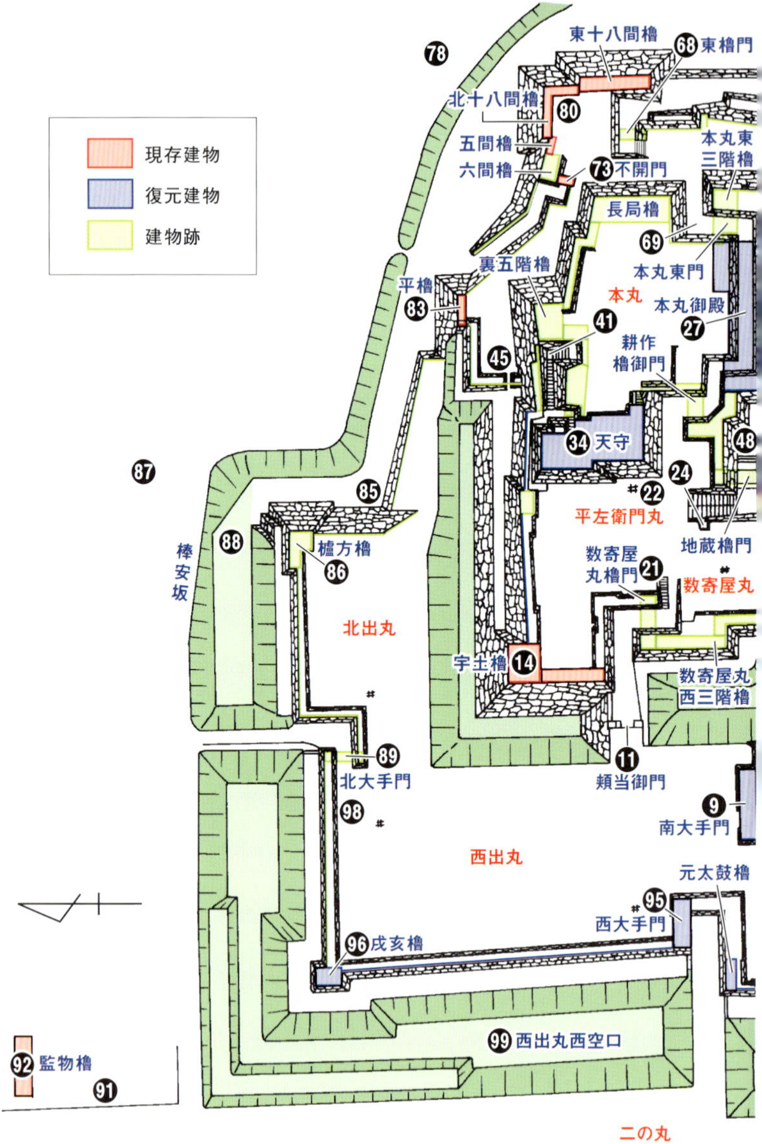
現存建物
復元建物
建物跡
東十八間櫓
68 東櫓門
78
北十八間櫓
80
五間櫓
六間櫓
73 不開門
本丸東三階櫓
長局櫓
69
本丸東門
裏五階櫓
平櫓
83
本丸
本丸御殿
27
41
耕作櫓御門
45
34 天守
48
87
85
24
22
平左衛門丸
地蔵櫓門
棒安坂
88
櫨方櫓
86
数寄屋丸櫓門
21
数寄屋丸
北出丸
宇土櫓
14
数寄屋丸西三階櫓
89
北大手門
11
頬当御門
98
9
南大手門
西出丸
元太鼓櫓
95
西大手門
96 戌亥櫓
99 西出丸西空口
92 監物櫓
91
二の丸

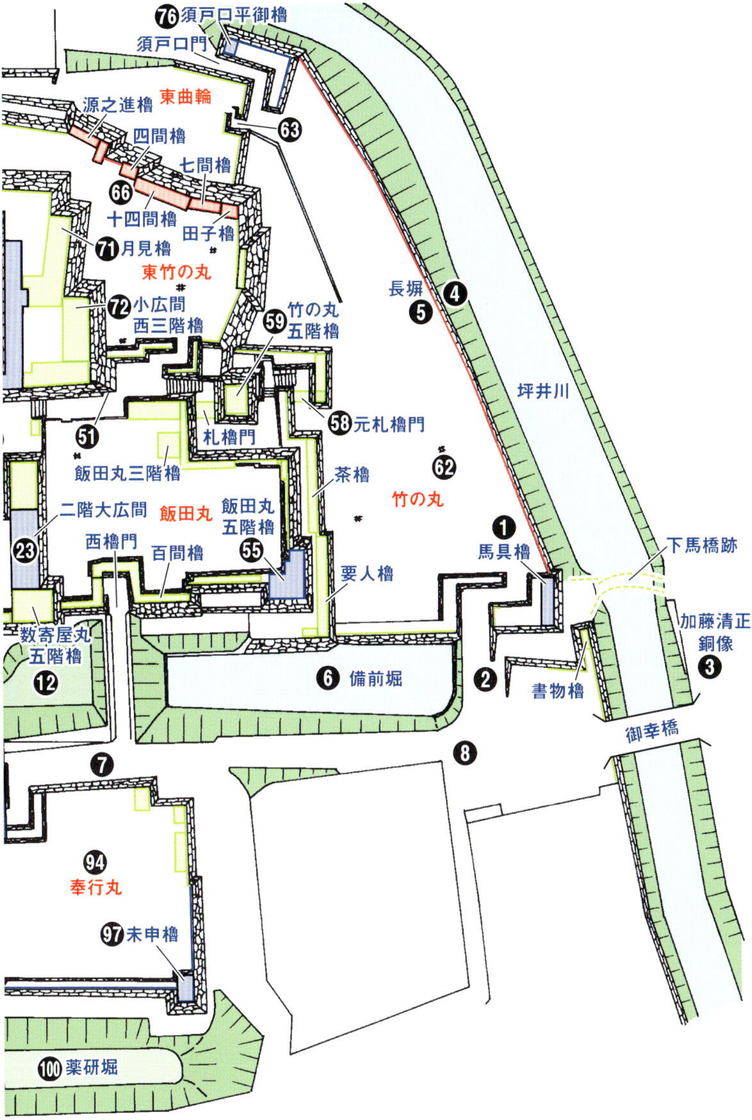

76 須戸口平御櫓
須戸口門
東曲輪
源之進櫓
63
四間櫓
七間櫓
66
十四間櫓
田子櫓
71 月見櫓
東竹の丸
長塀
4
5
72 小広間
西三階櫓
59 竹の丸
五階櫓
坪井川
51
札櫓門
58 元札櫓門
62
飯田丸三階櫓
茶櫓
竹の丸
二階大広間
飯田丸
飯田丸
五階櫓
1
馬具櫓
下馬橋跡
23
西櫓門
百間櫓
55
要人櫓
加藤清正
銅像
3
数寄屋丸
五階櫓
12
6 備前堀
2
書物櫓
御幸橋
7
8
94
奉行丸
97 未申櫓
100 薬研堀

御幸橋から南大手門へ
みゆきばしからみなみおおてもんへ

❶馬具櫓（外観復元）

南側の登城口を固める平櫓で、西側書物櫓と共に虎口防備の要であった。両端に石落を配し、狭間と格子窓からも攻撃が可能である。馬具櫓を折れると山崎口冠木門があり、その内側に番所が配されていた。現在、解体中で、馬具櫓一帯が整備復元されることになる。

❷竹の丸への入口

馬具櫓北を東に折れると、竹の丸へと至る門（簡易な棟門で描かれている）が行く手を阻み、通路は鍵の手に折れ延びていた。

❸加藤清正銅像

御幸橋の手前に、天守を借景にして建つ。領民の厚い信頼を得、今でも「清正公さん」と親しまれている。

❹長塀（重要文化財）

坪井川沿いに設けられた総延長 242 mの規模を誇る我が国最長の土塀。江戸期には、石落や狭間が配されていたが、現在は共に見られない。

❺内部より見た長塀

土塀を支える控柱は、２間おきに配されている。柱は凝灰岩製、貫は上部を銅板で囲み強化されている。

城の南側は坪井川に面し、須戸口から古城まで高石垣と長塀が築かれていた。その間を渡る唯一の橋が、長さ 16 間、幅 4 間の下馬橋である。山崎口とも呼ばれ、南側から城内へ続く登城口であった。橋を渡った場所に方形の空間を設け、正面に馬具櫓、左に書物櫓を配し、防備を固めている。城道は、鍵の手に折れて、備前堀を通過して南坂（現在の御幸坂）を上って南大手門へと至る正面ルートと、馬具櫓の北を右手に折れてさらに折れを繰り返し竹の丸へと至るルートに分岐するため、ここが南面守備の要となっていた。

❻備前堀を見る

中枢部は巨大な堀によって逆L字状に囲まれている。大部分が空堀であるが、備前堀のみ水堀である。城内の水処理を兼ねた施設でもあった。

❼南坂と南大手門を望む

現在、御幸坂はまっすぐ伸びるが、かつては南坂を登らないと城へ入ることは出来なかった。

❽南坂下より飯田丸・本丸を望む（古写真：長崎大学附属図書館蔵）

主要部が多門櫓で囲い込まれていたことが判明する。手前左の石垣と土塀は御用屋敷のもので、南坂はその東脇に位置する。

❾南大手門（復元）を見る

熊本城主要部の西側に逆L字状に配されたのが西出丸で、馬出的機能を持つ曲輪であった。西出丸には3ヵ所門が配され、南坂からの大手にあたる南大手門が、最大規模（4間×17間）を誇っていた。

❿櫓部分床上へ上がる石段

必見！　櫓上への近道

櫓門は、門の中で最も鉄壁な守備を持つ施設で、一階部分に扉部を置き、二階に櫓を設けたものである。二階部分から鉄砲や弓で、下にいる敵兵に攻撃を仕掛けるわけだが、二階へ上がるのに時間がかかってしまう。熊本城では、石垣を割って凹状部分を設け、そこに石段を設けて床上へ上がる工夫が見られる。郭内から一気に石段を駆け上がり、一階床板を跳ね上げて内部へ入る仕組みである。入口を隠すことになり、さらに無駄なスペースも無くす構造で、床上へ上がる近道でもあった。

頬当御門から平左衛門丸、数寄屋丸へ

ほほあてごもんからへいざえもんまる、すきやまるへ

⑪頬当御門

中枢部入口の冠木門。城を顔に見立てたとき、ちょうど顔の前に当てる甲冑の頬当てに見えることから、頬当御門と呼ばれるようになったと言われる。

⑫頬当御門南の空堀

西櫓御門土橋と頬当御門土橋の間の空堀で、南に備前堀が位置し、西側防御を担う施設であった。

⑬数寄屋丸櫓門跡から平左衛門丸を見る

頬当御門を入った城道を遮るように聳え立つ門が、数寄屋丸櫓御門で、多聞櫓と接続し防御を固めていた。

⓮平左衛門丸より見た宇土櫓（重要文化財）

現在の宇土櫓は、外観三重・内部五階・地下一階である。石垣を開け、庇屋根を設けた地階が入口で、右側石塁上にも入口が開けられていた。

⓯続櫓から宇土櫓一階への入口

宇土櫓は続櫓（古外様櫓）と連結していた。櫓台の方が高いため、階段が設けられた。

頬当御門から続く城道は、右に折れ数寄屋丸櫓御門を潜り抜けると、正面に元塩櫓が配され、防備を固めている。左に折れて石段を上がると、正面に天守が聳え、北に平左衛門丸、南に数寄屋丸が広がっている。平左衛門丸は、加藤家の重臣加藤平左衛門屋敷がここにあったために曲輪名として総称されるようになった。宇土櫓も、絵図等では「平左衛門丸五階櫓」と記されている。

⑯続櫓石落

続櫓は、西方防御を担うため、石落や狭間が多数設けられている。

⑰続櫓狭間と突上戸

狭間は、高さを変えて配され、窓は全てが突上戸になっている。

⑱宇土櫓四階破風内室

破風内に設けられた部屋の窓は大きく、室内の明り取りでもあった。

⑲宇土櫓東北面

宇土櫓は、中枢部北西隅の要となる隅櫓で、高さ約19 m、石垣高約20 mを測る巨大櫓である。加藤氏時代には、通常の二重櫓であった。

小西行長の居城・宇土城天守を移築した櫓とも言われてきたが、解体修理結果等から遠距離からの移築は否定された。元和元年（1615）頃に、高欄付きの望楼部を載せて、今の姿になったのである。ここに屋敷を構えた加藤平左衛門が旧小西家家臣の宇土侍衆の面倒を見ていたため、宇土関係の役所が置かれていたと思われる。そのため、ここにあった諸櫓が「宇土櫓、宇土三階櫓、宇土脇平櫓、宇土類族方櫓」などと総称されるようになった。現存建物としては、その規模、姿ともに城内最高の建物と評価される。

⑳宇土櫓廻縁

四重五階の宇土櫓の最上階には、廻縁が付設する。実用的で外へ出ることが可能な廻縁であった。

㉑横手五郎の首掛け石

数人がかりでも動かない凹形の巨石を、横手五郎は首に掛け、2㎞の道のりをやすやすと運んだと言われる。

朝鮮で水不足に悩まされた清正が掘った大量の井戸！

朝鮮出兵での過酷な籠城戦を潜り抜けてきた清正だけに、その居城熊本城の水に対する備えは盤石であった。城中に掘られた井戸は、実に120基を数える。各曲輪には最低でも1基の井戸が配され、曲輪ごとに飲料水が確保されていた。平左衛門丸の井戸は、水面まで約36mの深さを測る。

㉒平左衛門丸の井戸

㉓数寄屋丸二階櫓（復元）

平成元年復元。西の数寄屋丸五階櫓と東に続く地蔵門との間に位置する多門櫓でもある。一階が穴蔵となり、二階は座敷とし、接客用の大広間となっていた。数寄屋丸五階櫓は、今後復元が予定されている。

奇妙な文様の石組・地図石

面をきれいに成形した石材を、床・側面共に隙間なく複雑な形に組み合わせた方形箱型石組で、通称「地図石」と呼ばれる。あまりの突飛なモザイク模様であるため、日本地図、城の平面図、城下町図などと諸説紛々である。旧藩時代の絵図には「お待合口」と記されているため、数寄屋丸で行われた茶会の待合と考えられる。同様の石垣が金沢城玉泉院丸の庭の借景に利用されていることからも、風流のための施設とするのが妥当であろう。

㉔数寄屋丸地図石

㉕本丸御殿入口（闇《くらがり》御《ご》門《もん》）

本丸へと続く通路は、地下を通る必要があった。その入口となる闇御門の上部には、正面の格式を高める唐破風が配されていた。

㉖本丸御殿大広間下地下通路

両側を石垣で囲まれた本丸御殿床下の通路は、幻想的である。建築当初は、地下通路とする予定はなかったが、元和年間、東にあった大手口を西へと移動させたため、本丸御殿の敷地がなく、やむなく曲輪を渡る建物としたため、地下通路が生まれたのである。

平左衛門丸から天守南を通り、南に折れて耕作櫓御門を抜けると、本丸御殿への入口・闇御門が待ち構えている。ここを入ると、左右が石垣に囲まれた通路で、途中台所に上がる階段も設けられていた。道は、真っ直ぐ進むと大台所の門を抜けて東曲輪へと至る。北に折れると本丸、南に折れると月見櫓の前に出る。通路内の石垣は、目地漆喰が施され、上部建物を支える柱は北側にのみ一列整然と並んでいる。

㉗本丸御殿大広間全景（復元）

大天守より見た本丸御殿。復元されたのは、大広間棟・大台所棟・数寄屋棟などの主要部分で、北側にあった藩主の居間などは復元されていない。

㉘天守閣に展示の復元模型（東からの景観）

清正築城当初は、東側が大手口であったため、圧倒的な高さの高石垣と連続する多門櫓で強固な防御ラインを築き上げていた。

㉙本丸御殿大広間昭君之間

御殿の最も奥まった場所に位置する豪華絢爛な最高格式の部屋。18畳敷で、中国漢代の絶世の美女・王昭君を題材にした障壁画が描かれているためこの名がある。

本丸は、南北が通路により分けられていたが、その通路上に築かれたのが本丸御殿大広間と大台所である。大広間は、大台所に近い東半分が対面所、奥まった西半分が藩主の居間として利用されていた。居間の障壁画を描いた中心絵師は、豊臣氏との関係が深い狩野光信の弟源四郎言信《ときのぶ》であった。昭君の間は、上段・下段の構成で、境は鉤形に折れている。また、昭君は輝ける君子を意味するため、秀頼を迎える部屋との伝承を生んだ。

㉚梅之間より若松之間方向を見る

手前「梅の間」と奥隣の「櫻之間」など４部屋が対面所として利用された。

㉛本丸御殿大広間南広縁

「鶴之間」を出ると「若松之間」の前まで広縁が配されていた。二段構成で開放的である。

㉜本丸御殿大台所

調理のための囲炉裏と土間に設けられた竈の煙抜きのため天井はなかった。

㉝地下通路への階段

地下通路の途中から、大広間・大台所へ昇降可能な階段が作られていた。

㉞本丸より見た天守群（復元）

大天守は、三重六階・地下一階、小天守は二重四階・地下一階で、納戸・入側縁部で繋がれる連結式天守である。昭和 35 年（1960）鉄筋コンクリートで外観復元された。

㉟西より見た天守群（古写真：冨重写真所蔵 CG彩色：前田利久）

天守は、明治維新の荒波をも乗り越え聳え建っていたが、明治 10 年（1877）西南戦争開始直前に、失火により炎上焼失してしまった。

㊱下より見た小天守と大天守

石垣は扇の勾配と呼ばれる美しい曲線を持つ。上部へいく程、その角度は急になりほぼ垂直に立ち上がっていく。石垣東面は、複雑な折れを持つ。

大天守台は、緩やかな曲線を持って立ち上がり、隅角部も完成した算木積みとはならない。対して小天守台は、扇の勾配と呼ばれる上部が急勾配な積み方で、隅角部も算木積みである。両天守台の接点を見れば、明らかに大天守台を築いた後に、小天守台が付設されたことが解る。当初の本丸には小天守は無く、天守が単独で建っていたことになる。小天守は、地下室に台所があり、他の階は畳を敷いた座敷であった。大天守は、最上階に御上段の間と呼ばれる３間四方の部屋を置き、四方を縁側が廻る構造であった。他の階も畳敷きではあったが、具足・鉄砲・矢などが置かれ、倉庫的機能も併せ持っていたことが判明する。

㊲天守の忍返し（剣状忍返しと張出）

大天守一階は、石垣天端より張り出している。床板を外せば「石落」となった。小天守は、石垣天端と合うが、境に尖った鉄串が隙間なく並んでいた。

㊳天守付櫓を見る

南に位置する本丸御殿から天守へ入るには、耕作櫓御門の二階から屋根付廊下を通り、写真の付櫓へと至るルートが使用されていた。

㊴小天守入口への石段

本来の小天守入口は、現在の入口下にある石段を登って来なければならなかった。

㊵最深部より見た小天守への通路

通路は、石門脇を通って、鍵の手に折れて小天守入口へと続くことになる。

㊶小天守より見た通路（最深部左の穴が石門）

石門の向こうの石垣が御裏五階櫓の石垣の西面になる。道は、鍵の手に折れて再び登り、御裏五階櫓南西隅に接続する門へと至る。

㊷小天守下の石門（南より）

小天守台の通路から、ここを抜けると不開門東側の帯曲輪へ出ることが出来るため、秘密の脱出口とも言われる。

㊸石門内部

上下左右とも、方形の石材となっている。本丸の排水溝を兼ねた施設であろう。

㊹小天守内部に残る井戸

最終籠城戦に備えた井戸なのか？

小天守地下一階は台所で、水屋、竈、井戸が設けられていた。井戸は、石組で深さは 40 m を越える。清正は、名古屋城でも大天守地階に井戸を設けている。その他、松江城、浜松城、伊賀上野城の天守に井戸が見られる。天守を最終防御施設と考えるなら、やはり井戸は欠かせないアイテムの一つだったのだろう。

㊺外から見た石門（右にも石門が存在する）

背後の天守から「石門」の位置が判明しよう。右の石門を抜けると、平左衛門丸北下の帯曲輪へ至る。

㊻裏五階櫓跡横から続く小天守への通路

裏五階櫓横の門を潜り、道は鍵の手に折れながら下り、石門横から、再び鍵の手に折れながら登ることになる。複雑このうえない通路であった。

㊼本丸から飯田丸への石段

熊本城の石段は、踏面が不ぞろいで、一段ごとに段差が変わり、敵を進みにくくしていた。

㊽地蔵櫓門跡を見る

巨大な三階櫓門で、写真左右の石垣上に三階部分が載る形で、本丸への通路を阻んでいた。

㊾再利用された宝篋印塔

㊼の石段に再利用されている。当時は、石仏も墓石も単なる石材であった。

㊿転用された板碑

「阿弥陀如来像」が彫られた板碑は、地蔵櫓門の礎石となっていた。現在は、横に移されている。

51 小広間西三階櫓台の二様の石垣

手前（右）は、加藤清正が築き上げた「扇の勾配」の石垣。左が、細川時代に増築された石垣。勾配が急になり、算木積みが完成していることが解る。

飯田丸から本丸へ続く通路は、鍵の手に折れるだけと極めて単純だが、両側を高石垣で囲み、さらに多門櫓が通路を見下ろす厳重な構えであった。さらに通路途中に超巨大な三階櫓門の地蔵櫓門を配することで鉄壁な防御としたのである。地蔵櫓門は、一階部分に門を開け、三階部分は両脇の櫓と接続し、行き来を可能にしていた。門を抜けた後の石段も登りづらい工夫が施されるなど、本丸への関門の多さが窺い知れる。

㉜ 飯田丸五階櫓一階内部

一階は平面L字型で、身《も》舎《や》は4間×5間、幅1間の入側縁（廊下）が西から南に巡っていた。

㉝ 二階から三階への階段

方形の櫓を上に載せた形式であるため、二階以上は急激に小さくなっていた。

㉞ 最上階内部

最上階は、天井が張られておらず、小屋組の丸太がそのままの形で見えている。

55 備前堀越しに見た飯田丸五階櫓

西竹の丸五階櫓とも呼ばれ、外観三重、内部五階で、南北方向の平櫓の上に、東西方向の二重櫓を載せている。破風内の窓の位置から五階に見える。

飯田丸（西竹の丸）は、加藤家の重臣・飯田覚兵衛の屋敷があったためこの名がある。備前堀に面した南東隅に五階櫓を配し、南坂から来る敵に備えていた。城内には、6基（内1基は、江戸期に三重櫓に縮小）の五階櫓が存在していたが、唯一宇土櫓のみ現存する。平成16年（2004）本櫓復元により五階櫓は2基となった。

56 曲輪内より見た飯田丸五階櫓（復元）

写真左は付櫓で、北側に百間櫓が接続していた。五階櫓台が一段高かった。

飯田丸から竹の丸への通路《いいだまるからたけのまるへのつうろ》

57 飯田丸より見た通路

飯田丸の西側に配された、城内一堅牢で複雑な通路を見る。現在は石垣と石段のみ残る。

58 竹の丸より見た元札櫓御門跡

竹の丸から飯田丸への最初の関門が元札櫓御門で、南北方向の櫓門が石垣上に載っていた。

熊本城内最強というより、国内最強防備を誇る通路が竹の丸から飯田丸への通路であった。通路は6回折れながら上っており、U字を二度繰り返すことになる。この間門が2ヵ所配され、頭上にある竹の丸五階櫓から常にねらわれ、最初は飯田丸から、札櫓門を抜けると東竹の丸から側面攻撃を受けるという構造であった。

㊾ 竹の丸五階櫓跡

竹の丸からの通路を扼《やく》すように聳え建っていた。門上部を通って飯田丸と往来が可能であった。

㊿ 竹の丸五階櫓北面に接続する札櫓門跡

地蔵櫓門と同様の巨大な三階櫓門で、この通路を扼す二つ目の門であった。

竹の丸五階櫓台は天守台同様独立した方形で、石段等櫓へ登る施設が見られない。この櫓北側に接続する札櫓門は、一階部分が門で、その上に、二階・三階があった。三階部分が五階櫓一階と高さが同じで、ここを通じて飯田丸との行き来が可能であった。門に阻まれた敵は、左右から挟まれ、集中砲火をあびることになる。

61 竹の丸より望んだ天守

竹の丸から天守を望むと、幾重にも石垣が折り重なるように見える。熊本城の防備は、こうした高石垣を巧みに配置することで強固な構えを実現させた。

62 竹の丸井戸跡

現在城内に残る井戸は、ほとんど井戸屋が失われているが、本来は井戸屋が設けられていた。

緩い勾配で立ち上がり、上半部になるとほぼ垂直にまでの強い反りを持つ石垣が「清正流」と呼ばれるが、小天守や本丸南側にしか見られない。他の石垣は、反りはあるものの他城とほぼ同様でしかない。「石垣造りの名人」と言わしめたのは、美しい勾配も当然だが、20 mを超える圧倒的な規模の高石垣を要所に配置したことである。併せて、主要部全体を幾重にも囲い込むような、壮大な長さを持っていたことが挙げられよう。石垣を折り曲げ、微妙に角度をずらし凹凸をつけることで、どこからも死角を無くす工夫、当初の大手があった東側から南側の外周は圧巻である。巧みな石垣配置こそが、清正を名人と言わしめたのである。

東曲輪から東竹の丸へ《ひがしくるわからひがしたけのまるへ》

63 東曲輪への虎口

東曲輪は、竹の丸より一段高い位置にある。竹の丸からの虎口は、鍵の手に折れ曲げた石段通路を土塀で囲むのみの極めて単純な構造であった。

64 田子櫓、七間櫓、十四間櫓

東竹の丸東側に連続する諸櫓が現存し、いずれも重要文化財に指定されている。田子櫓隅角は庇を持つ出窓風の石落が配されていた。

東竹の丸は、小天守の北下から逆L字に折れて、竹の丸の上まで帯状に延びる曲輪である。当初の大手口は、東竹の丸の南東隅に位置していたため、防衛上も重要な役割を担う曲輪であった。そのため、多門櫓を連続させ防御を固めたのである。

65 十四間櫓、四間櫓、源之進櫓

城内の櫓は、方位や間口の広さ、収納物を冠した名が一般的だが、源之進は管理人の名が付く珍しい例である。

66 右より源之進櫓、四間櫓、十四間櫓、七間櫓、田子櫓（いずれも重要文化財）

折れを重ねた高石垣上に連なる諸櫓群は、いずれも幕末再建の建物。下見板張の古式な外観で、隅の石落により安定感が増している。

田子櫓·七間櫓·十四間櫓をくの字に連続させるが、七間櫓の屋根を低くし、連続性の単調さを防いでいる。さらに、四間櫓を出張らせ、源之進櫓をＬ字形とすることで調和のとれた美しさを醸し出すことに成功している。

普段は武器や武具などの倉庫として利用されていた。

67 東十八間櫓と東竹の丸への虎口

当初の大手口に当たるため、極めて厳重な構えであった。東十八間櫓を張り出し横矢を掛け、正面土塀の狭間がねらいを定めていた。

68 東櫓御門跡

当初の大手門で、左右の石垣上に二階部分が載る櫓門であった。枡形虎口出現期の虎口となる。

二の門が無く、大手門手前の空間をふさいでいないため完全な枡形虎口とはならないが、同様の効果を持つ虎口である。門を潜ると、石垣が前面をふさぎ、左折れて石段を登らないと東竹の丸へ出ることは出来ない。二重の防備を備えた厳重な造りとなっていた。

69 本丸御殿裏側、大台所の門（一乃開御門）を見る

写真左の石垣が本丸東三階櫓台、ここに連続する形で三階櫓門となる本丸東門が配されていた。大台所の門を入ると闇通路となる。

70 東竹の丸より見た源之進櫓、四間櫓

内部から見ると、諸櫓はいずれも曲輪平坦面と同じ高さで、容易に出入りが可能であったことが判明する。扉はいずれも引戸であった。

⑪本丸月見櫓台の石垣（後方）

月見櫓は、平櫓の南東隅部に宝形造りの二階部を載せた建物である。支城の八代城にも二重の宝形櫓があった。

⑫小広間西三階櫓台の石垣

大広間と連続する鉤形の建物で、南西隅が二様の石垣上に位置する。ここに二重櫓を載せていた。石垣は約８ｍの高さであった。

73 曲輪内より見た不開門《あかずのもん》（重要文化財）

城の鬼門（北東）にあたる門で、普段は開くことがないためこの名がある。かつては右側に六間櫓が接続していた。

74 通路より見た不開門

慶応２年（1866）の再建だが、扉は上部を透かした古式な姿となっている。六間櫓が撤去されたために切妻造りのように見えてしまう。

75 不開門へ続く通路を見る

通路は踊り場を重ねた階段状になっており、鍵の手に折れて不開門へと続いていた。

須戸口門より棒安坂へ《すどぐちもんよりぼうあんざかへ》

76 須戸口門と平御櫓（復元）

竹の丸の東虎口に設けられた門。虎口の間に柵を設け、門そのものも柵のようにすき間をあけて作られていたので、須戸口門と呼ばれた。

77 東より須戸口を見る（左は長塀）

門を見下ろすように平御櫓が配されていたが、寛永９年（1632）の絵図では、門は無く矢来（仮囲いの柵）が行く手を阻み、入り口として使用されていないことが解る。

⑱ 千葉城跡より東竹の丸、本丸を望む（古写真：長崎大学附属図書館蔵）

熊本城主要部北側の東半分の旧状を伝える古写真で、明治４年（1871）頃の撮影。撮影場所は、現熊本県立美術館分館前あたりになる。左隅の櫓が北十八間櫓（現存）、その横に六間櫓が見える。不開門は、六間櫓の影になって見えない。六間櫓の隅角部は、手前北十八間櫓隅の石落とは異なり、田子櫓と同様の庇を持った出窓状の形態であることが判明する。後方は裏五階平櫓で、北十八間櫓の屋根の中央部にかすかに見える屋根が長局櫓のものであろうか。天守は、最上階部分が顔をのぞかせている。

現在、不開門へと続く坂道の東側に石塁が残るが、ここに土塀が築かれていたことが判明する。土塀屋根は途中で崩れ落ちており、かなり崩壊が進んでいることが見て取れる。坂下部分に門が存在したかどうかは、この写真ではよく解らない。不開門から平櫓（現存）までの間の石垣上は、土塀が連続しており、平櫓脇の土塀に石落らしきものが見える。中央部が御裏五階櫓で、天守・小天守と妻と平側が逆であったことが判明する。また、一階隅に石落が配されている。右端にわずかに顔をのぞかせているのが小天守である。

高札を眺める４人の人物のうち、一人が洋装で傘を持っている。当時の熊本にはかなりモダンな人物がいたことが解り、極めて興味深い。

79 東十八間櫓、北十八間櫓

旧大手口を固める東十八間櫓は、西側が東櫓御門を、東側は城外を守備する役目を担う重要な櫓で、梁間4間×桁行18間の多門櫓。

80 東十八間櫓、北十八間櫓、五間櫓（いずれも重要文化財）

東十八間櫓の北側に連続する鉤形の北十八間櫓は、東西棟・南北棟共に梁間2間×桁行9間の規模である。屋根西端部に入母屋が付設する。

81 北十八間櫓と五間櫓

北十八間櫓西に連続するのが五間櫓で、かつてはその西に六間櫓が連続し、さらに不開門へと続いていた。東北隅部を囲む重要な櫓群である。

当初の大手口の周辺を固める重要な場所だけに、土塀は採用されず、多門櫓によって櫓番詰所を取り囲んでいた。石垣直下に堀は掘られておらず、少し離れて坪井川が流れていた。そのためか石垣は約 18 mと高く、勾配も急になっている。東十八間櫓と接続する北十八間櫓の梁間が２間小さくなっているが、これによって東十八間櫓が東側に２間分せり出すことになり、北に横矢を掛けることが可能となった。五間櫓北側が切妻なのは、かつて六間櫓が接続していたためで、当初から切妻屋根としていたわけではない。

82 不開門より見た平櫓（重要文化財）

不開門脇の高石垣上に位置する平櫓は、不開門ルートを通過する敵を攻撃するための拠点であった。そのため、門側面を石垣より張り出させている。

83 曲輪内より見た平櫓

現在の建物は安政７年（1860）の再建。内側は下見板張とはならず、建物を増築し、櫓番詰所として利用されていた。

❽❹ 高石垣上に建つ平櫓

約 20 mの高石垣上に建つ平櫓の石落は、両サイド共に庇付きの出窓状であった。北側防御の要の役割を担う重要櫓である。

❽❺ 櫨方《はぜかた》三階櫓南東下の井戸

中枢部北下の平坦面は、井戸が多く残っている。川が近くにあるため地下水脈までの距離も浅かったためであろう。

㊻ 櫨方三階櫓台石垣（後方は小天守）

現加藤神社の位置する櫨方は、北出丸とも呼べる郭で、北東隅に三階櫓が位置し、防御を固めていた。今後復元が予定されている。

主要部西から北にかけて逆L字状に配された西出丸は、北西部を守備するための前線であった。加藤時代は、西大手門は無く石垣で閉ざされていた。従って、西出丸へは南北1カ所ずつが開いていたことになる。櫨方三階櫓の位置する北門東側には、煙硝蔵が置かれていた。煙硝蔵は、後に櫨方会所に変化する。櫨方三階櫓は、東北隅に位置し、石垣は約21 mの高さを誇っていた。隅角部は、ほぼ完成域に達した算木積みとなっている。従って、関ヶ原合戦後に積まれた石垣である。なお、櫨は蝋の材料となるハゼの実のことで、ここにそれを管理する役所が置かれていたため、櫨方と呼ばれた。

❽棒安坂より見た櫨方三階櫓（右端）と天守（古写真：冨重写真所蔵 CG彩色：前田利久）

❻とほぼ同位置からの古写真。櫨方三階櫓がＬ字の平櫓の隅部に方形の櫓を乗せた形式と解る。左に見える土蔵は東の御蔵。

❽棒安坂南下の井戸跡

井戸の位置する部分は、城の北側を区画する空堀底にあたる。空堀底にも井戸を設ける程、水に対する備えは万全であった。

北大手門より監物台へ《きたおおてもんよりけんもつだいへ》

89 北大手門跡

南北方向に建てられた櫓門で、枡形門となるが、二の門が配されず開口して土橋と接続していた。

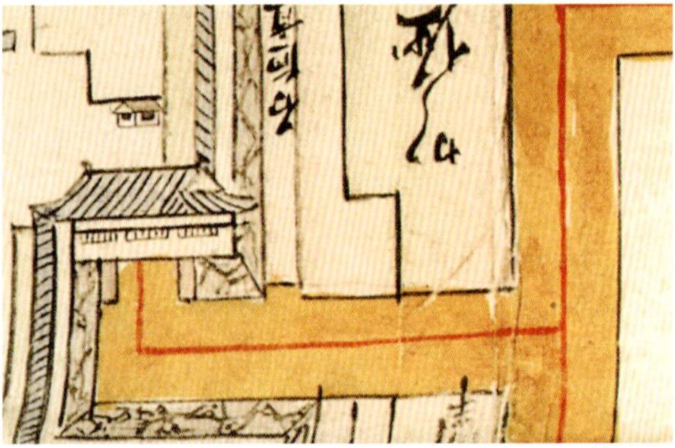

90「平山城肥後国熊本城廻絵図」に見る北大手門

土橋を渡って、右に折れた位置に建つ門で、城内に番所が見られる。両脇は、土塀が接続し防御を強固にしていた。

91 監物台埋門《けんもつだいうずみもん》（復元）

市制100周年を記念して復元。本来は通用口となる櫓門で、石垣上に上階となる櫓が載っていた。

92 監物櫓（重要文化財）と監物台北面石垣

城の北側を防御する平櫓で、右に新堀御門が配され、左にL字の土塀、さらに雁行する形で櫓を設け、防御を強固にしていた。

93 監物櫓

正式名称は、長岡図書預櫓であったが、明治期に長岡監物櫓と誤用され今日に至っている。安政6年（1859）の棟札が確認されている。

94 飯田丸三階櫓から見た西出丸（奉行丸）

西出丸南側の奉行丸を見る。右端の門は南大手門、後方左側に西大手門が見える。当初は、下川又左衛門屋敷が置かれていた。

95 外側より見た西大手門（復元）

西出丸の西正面に位置する櫓門で、二の丸より続く大手筋を守る城の正門であった。南に位置する元太鼓櫓も大手を固める役目を持っていた。

西出丸は、本丸・二の丸・三の丸への入口にあたる曲輪である。西に正門となる大手門、南北にも大手門を設け、都合三基の大手門が配されていた。当初は、重臣屋敷となっており、屋敷と三階櫓一基がセットとなっていた。西大手門の北に御蔵屋敷、中川寿林屋敷、南に下川又左衛門屋敷、北大手門の東に煙硝蔵が設けられており、隅角に配された櫓どうしの間は土塀が廻っていた。細川氏が入封すると、南側には奉行所が置かれ、北に西御蔵・御銀所と呼ばれる財務関係の役所を、北東隅部にハゼを管理する役所が置かれるようになった。

96 西出丸戌亥《いぬい》櫓（復元）

戌亥櫓は、西出丸の北西隅に位置する外観二重、内部三階の櫓であった。一階と二階の妻側と平側を逆に配置している。

㊼西出丸未《ひつじ》申《さる》櫓《やぐら》（右）と元太鼓櫓（左）（いずれも復元）

奉行所南西隅の未申櫓は、北西隅の戌亥櫓と同規模、同一形式の櫓である。

㊽西出丸合坂

石塁上に昇るために設けられた石段。中央から左右に分かれて昇る工夫であった。

西出丸の三隅櫓は、ほぼ同一規模だが、床面積は、一階L字を呈す櫨方三階櫓が最大となる。戌亥櫓と未申櫓は、面積及び外観もほぼ同じであった。桁行方向を東西と南北の逆にすることで、両櫓に変化を持たせている。

99 土橋より見た西出丸西空堀

幅約50 mと巨大な空堀が西出丸を取り囲んでいた。雨水が溜まることもあった。

100 薬研堀《やげんぼり》を見る

西大手土橋の南北で、軸を喰い違いとし、防御強化が図られた。

二の丸、三の丸跡へ《にのまる、さんのまるあとへ》

101 二の丸百間石垣

長さ111間、高さ5間で、北側の豊前・豊後街道沿いを守る石垣であった。

102 二の丸西側の空堀跡

二の丸と三の丸の間に設けられた空堀は、自然の谷地形を巧みに取り込んだ空堀である。

西出丸の北から西側一帯に広がる二の丸は侍屋敷地となっていた。北側京町台地と繋がる部分のみ高低差がなかったため、新堀櫓門、百間石垣、埋櫓門を配し、強固な防備が施された。

103 二の丸門跡

二の丸北西隅に配された門で、巨大な櫓門が南北方向に建てられていた。通路は、極めて広く鍵の手に折れていた。豊前・豊後街道は、この門を潜って百間石垣沿いに通過していた。

104 二の丸西門跡

二の丸西側中央部の門で、鍵の手に折れた通路の東側に位置する。絵図では、簡略な棟門のように描かれているが、写真右端の石垣上に巨大な二重櫓を配すことで、虎口を固めたのであろう。

⑯二の丸、三の丸北面の石垣を見る

かつて京町へと続く土橋があったが、土橋を撤去し東西の空堀を繋げそこに道路が通されている。写真左石垣突出部にＬ字の新堀西櫓が建てられていた。

⑯三の丸北西部段山に残る石垣

絵図では、三の丸北西隅に屏風折れのような石垣として描かれている。隅角部は、ほぼ完成域に達した算木積みである。

古城跡へ

平山城《ひらやまじろ》肥《ひ》後《ご》国《こく》熊本《くまもと》城《じょう》廻《まわり》絵《え》図《ず》　部分（熊本県立図書館蔵）　佐々成政の隈本城が築かれた場所

⑩⑦坪井川沿いに残る石垣

下馬橋から船場橋までの間、坪井川に沿って約12㎞に渡って石垣が築かれていた。土塀は無く、途中二基の平櫓が構えられていた。

⑩⑧古城跡虎口（南正面口）

かつての大手口と思われ、内枡形状の空間が残る。熊本城に取り込まれた後は、冠木門が建てられていた。

109 古城跡を南北に区切る堀跡

古城は、ほぼ方形の曲輪を南北に三列設けた姿が想定され、曲輪間に水堀が配されていた。

110 古城跡の石垣

勾配も緩やかで反りも小さい。隅角部も算木積みとはならず、石材も自然面を残したものが多く、古式を伝えている。

佐々成政の居城跡に、肥後半国19万石で入封した加藤清正が、大改修を施し大小の天守を築き上げたという。肥後一国を得ると、現在の地に城を移し、この地は古城として城内に取り込まれたのである。現在、第一高校となっているが、石垣はかつての雄姿を留めている。

熊本城略年表

西暦	和暦	記事
1496	明応 5	鹿子木寂心、茶臼山南麓に隈本城を築く（現古城跡）
1587	天正 15	豊臣秀吉、佐々成政に肥後国を与え、隈本城主とする 肥後国人衆、成政の検地に反発し一揆を起こす
1588	天正 16	秀吉、成政に切腹を命じ、肥後国を二分する。北半を加藤清正、南半を小西行長に与える
1590	天正 18	清正、隈本城の大改修を実施か
1591	天正 19	清正、肥前名護屋城の普請を命ぜられる
1592	文禄 元	清正、朝鮮出兵（文禄の役）
1600	慶長 5	関ヶ原合戦後、肥後一国 52 万石の領主となる
1601	慶長 6	清正、現在地に大規模な築城工事を起こす
1607	慶長 12	新城完成。城名・町名を熊本に改称
1610	慶長 15	清正、本丸御殿・花畑屋敷を造営
1611	慶長 16	清正死去、嫡子忠広が遺領を継ぐ
1614	慶長 19	二の丸の本妙寺（加藤家菩提寺）を現在地に移す
1625	寛永 2	大地震により、城内に被害。煙硝蔵が燃える
1632	寛永 9	加藤忠広改易、細川忠利が豊前小倉より入封
1634	寛永 11	幕府、石垣・堀・門などの修理を許可、新堀構築
1636	寛永 13	忠利、花畑屋敷を国許屋敷とする
1667	寛文 7	千葉城跡の煙硝蔵焼失。花畑屋敷の長屋と塀を防火のため瓦葺きとする
1716	享保 元	千葉城跡より出火、大火になる
1738	元文 3	東竹の丸煙硝蔵が大破、取り壊す
1749	寛延 2	西出丸に櫨方会所建設
1754	宝暦 4	二の丸に藩校時習館が開設
1770	明和 7	西北隅の森本櫓焼失
1844	弘化 元	十四間櫓が再建される
1857	安政 4	七間櫓が再建される
1858	安政 5	暴風雨により大天守の鯱が損壊
1860	安政 7 万延 元	大風で破損した監物櫓・平櫓・長塀を再建
1865	慶応 元	田子櫓が再建される
1866	慶応 2	四間櫓・不開門が再建される
1870	明治 3	藩が熊本城廃毀を願い出るが、識者が反対する
1871	明治 4	城内に鎮西鎮台を設置
1877	明治 10	西南戦争により大天守・小天守・御殿・櫓などを焼失する
1926	昭和 元	熊本城址保存会（現・熊本城顕彰会）結成される
1927	昭和 2	宇土城解体修理、長塀改築（石落・狭間は再建されず）

1933	昭和 8	国史跡に指定、宇土櫓ほか 12 棟の建造物が国宝に指定される
1950	昭和 25	法改正により国宝建造物が重要文化財に指定替え
1955	昭和 30	史跡熊本城が特別史跡に指定される
1957	昭和 32	櫨方門を竹の丸に移築復元
1960	昭和 35	大・小天守を外観復元。頬当御門を復元
1966	昭和 41	馬具櫓を外観復元
1981	昭和 56	西大手門が復元される
1988	昭和 63	埋門が復元される
1989	平成 元	宇土櫓解体修理、数寄屋丸二階櫓が復元される
1991	平成 3	台風により、長塀が約 140 mにわたって倒壊
1999	平成 11	台風により、西大手門の櫓部分が倒壊
2002	平成 14	南大手門が復元
2003	平成 15	戌亥櫓・未申櫓・元太鼓櫓・西大手門が復元される
2005	平成 17	飯田丸五階櫓が復元される
2008	平成 20	本丸御殿大広間・大台所が復元される

あとがき

熊本城は、私が大好きなお城です。加藤清正が、持てる能力の全てを使って築き上げた要塞と呼ぶのが相応しい名城です。もう、何度足を運んだか解りません。その度に新しい発見があり、熊本城を極める難しさを実感しています。

本書は、熊本城の魅力をあますことなく伝えるために、写真をなるべく多く使用しました。総頁数の関係で、泣く泣くカットせざるを得ない写真もありました。文章は、極力必要最低限の情報を伝える程度にとどめました。どうしても解説しないと城の魅力を伝えられない部分には解説文を入れてあります。

ポケットサイズの本書を片手に、城廻りを楽しんでいただけたらと思います。本「極める」シリーズは、中井・加藤コンビで、しばらく続きます。乞うご期待！

2011 年　猛暑の予感がする 7 月吉日

加藤 理文（かとう まさふみ）

1958年生まれ 駒澤大学文学部歴史学科卒業
静岡県教育委員会を経て、現在磐田市立第一中学校教諭

■主な著作
『城郭探検倶楽部』（共著）新人物往来社　2003年
『静岡の山城ベスト50を歩く』（編著）サンライズ出版　2009年
『戦国時代の静岡の山城』（共著）サンライズ出版　2011年

熊本城を極める

2011年10月10日　初版第1刷発行

著　者／加　藤　理　文

発行者／岩　根　順　子

発　行／サンライズ出版株式会社
　　　　滋賀県彦根市鳥居本町655-1　〒522-0004
　　　　電話 0749-22-0627　FAX 0749-23-7720

© 加藤理文 2011
ISBN978-4-88325-452-1 C0021　Printed in Japan
本書の全部または一部を無断で複写・複製することを禁じます。
乱丁本・落丁本は小社にてお取り替えいたします。
定価は表紙に表示しております。